Autre ex. sous les cartes :

F 21108 (23)

SECONDE INSTRUCTION

POUR LES INTERESSEZ

AU CANAL

DE PICARDIE.

A PARIS,

Chez PIERRE SIMON, Imprimeur du Parlement,
au bas de la ruë de la Harpe, à l'Hercule.

MDCCXXVIII.

AVEC PERMISSION.

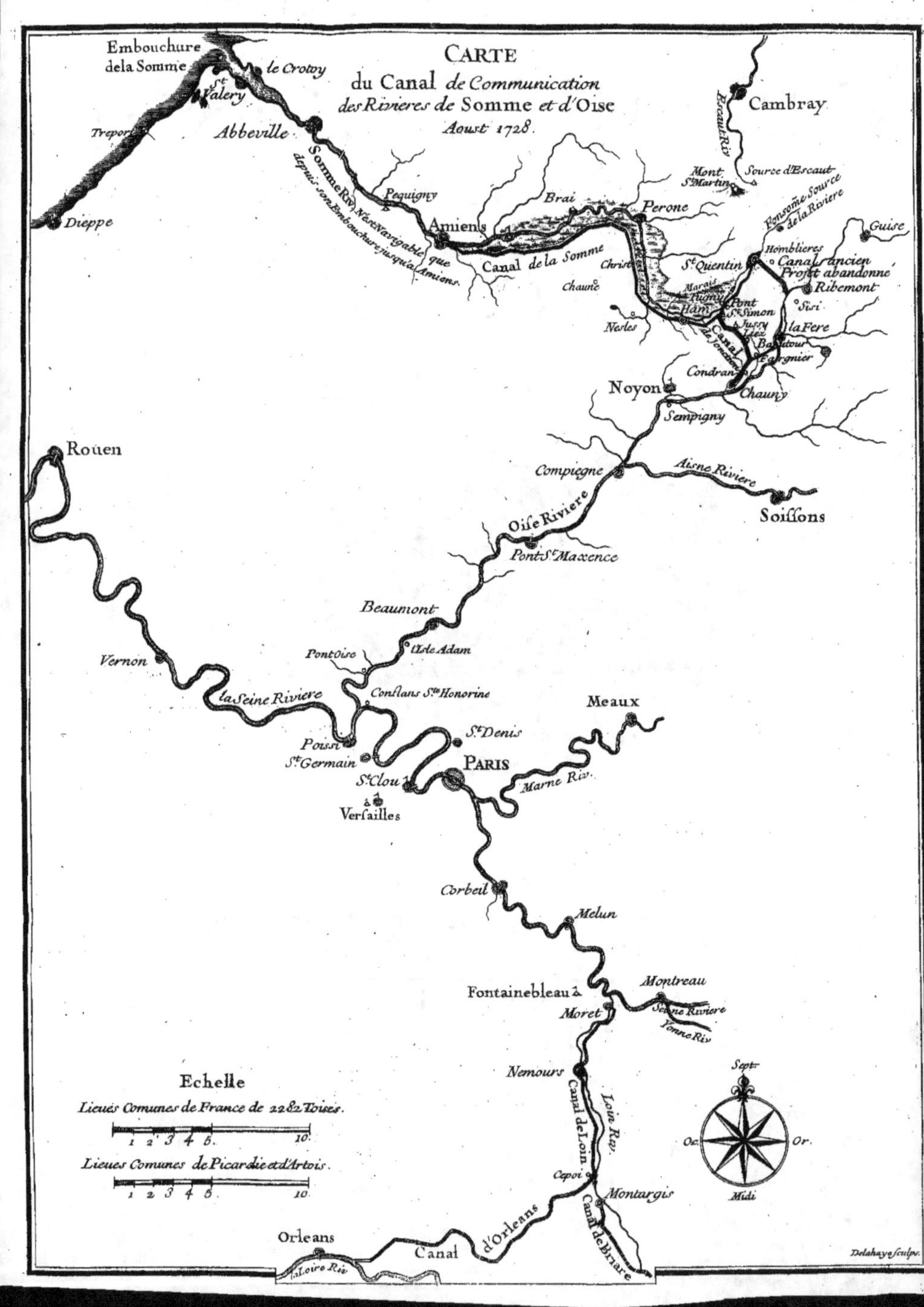
CARTE
du Canal de Communication
des Rivieres de Somme et d'Oise
Aoust 1728.
Embouchure de la Somme
le Crotoy
St. Valery
Treport
Abbeville
Somme Riv. Non Navigable depuis son Embouchure jusqu'à Amiens.
Dieppe
Pequigny
Brai
Amiens
Canal de la Somme
Cambray
Bocau Riv.
Mont St. Martin
Source d'Escaut
Perone
Fonsome Source de la Riviere
Guise
Christ
St. Quentin
Homblieres
Canal ancien Projet abandonné
Ribemont
Chaune
Marais
Tugny
Ham
Point St. Simon
Sisi
Nesles
Jussy
Jez
la Fere
Canal de Jonction
Ba Latour
Fargnier
Condran
Chauny
Noyon
Sempigny
Compiegne
Aisne Riviere
Oise Riviere
Soissons
Pont St. Maxence
Beaumont
Vernon
Pont Oise
L'Isle Adam
la Seine Riviere
Conflans Ste. Honorine
Meaux
St. Denis
Poissi
St. Germain
PARIS
St. Clou
Marne Riv.
Versailles
Corbeil
Melun
Fontainebleau
Montreau
Moret
Seine Riviere
Yonne Riv.
Nemours
Sept.
Canal de Loin
Loin Riv.
Oc.
Or.
Cepoi
Montargis
Midi
Echelle
Lieues Comunes de France de 2282 Toises.
1 2 3 4 5   10
Lieues Comunes de Picardie et d'Artois.
1 2 3 4 5   10
Orleans
Canal   d'Orleans
Canal de Briare
la Loire Riv.
Delahaye Sculp.
Roüen

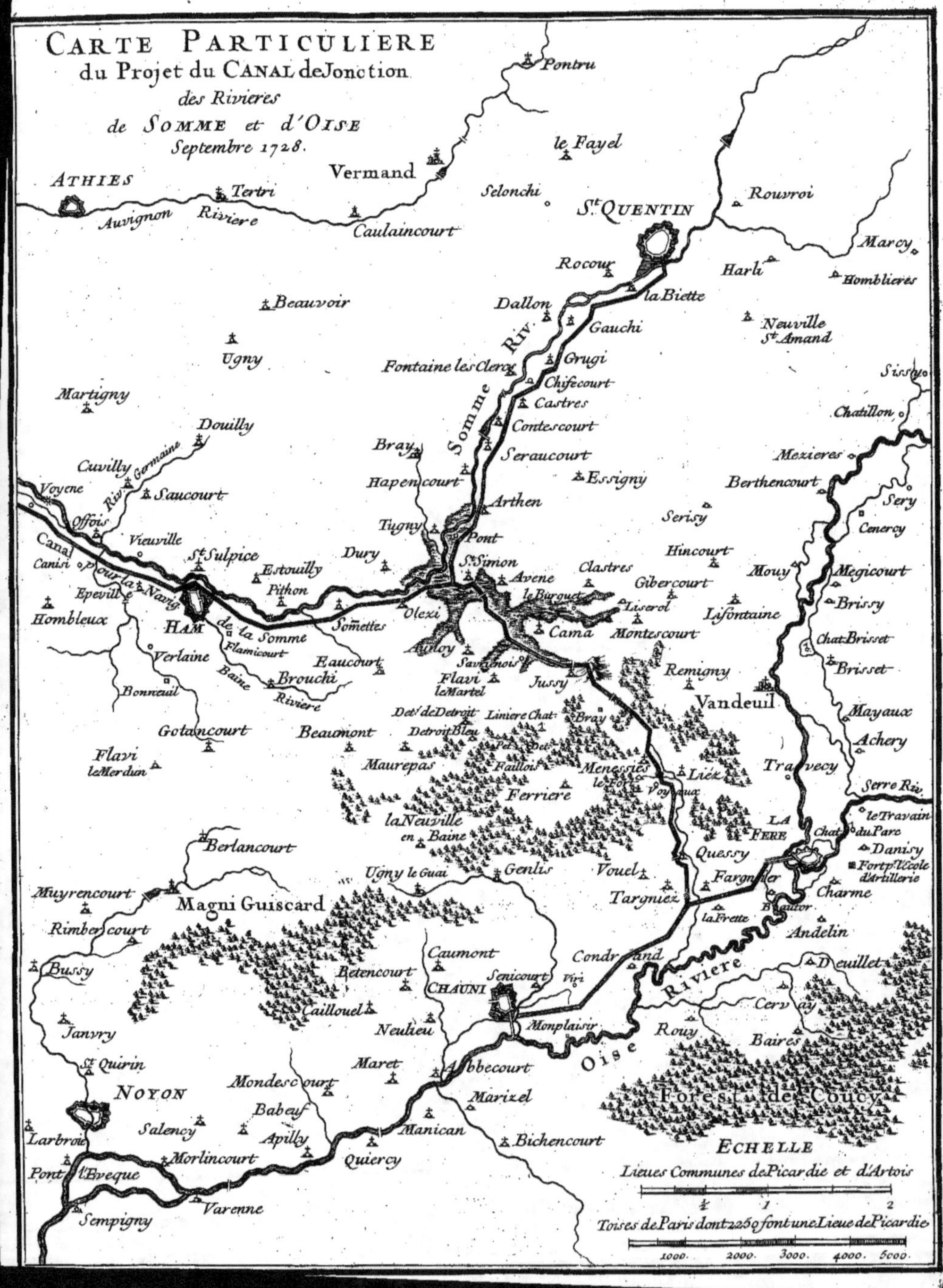

CARTE PARTICULIERE
du Projet du CANAL de Jonction
des Rivieres
de SOMME et d'OISE
Septembre 1728.
ATHIES
Vermand
Pontru
le Fayel
Selonchi
Tertri
Auvignon Riviere
Caulaincourt
St QUENTIN
Rouvroi
Marcy
Beauvoir
Rocour
Harli
Hombliéres
Dallon
la Biette
Neuville St Amand
Ugny
Gauchi
Fontaine les Clercq
Grugi
Chifecourt
Sissy
Martigny
Castres
Chatillon
Douilly
Contescourt
Mezieres
Cuvilly
Bray
Seraucourt
Berthencourt
Sery
Riv. Germaine
Hapencourt
Essigny
Cenercy
Voyene
Saucourt
Arthen
Serisy
Offois
Tugny
Hincourt
Mouy
Megicourt
Vieuville
Pont
Dury
St Simon
Clastres
Gibercourt
Brissy
Canal Canisi
St Sulpice
Estouilly
Avene
Gibercourt
Chat Brisset
sur la Navig
Pithon
Olexi
le Burguet
Liserol
Lisfontaine
Brisset
Epevill e
de la Somme
Somettes
Cama
Montescourt
Hombleux
HAM
Flamicourt
Auloy
Savienois
Remigny
Vandeuil
Verlaine
Eaucourt
Flavi le Martel
Jussy
Mayaux
Bonneuil
Baine
Brouchi
Det. de Detroit
Liniere Chat.
Bray
Liez
Achery
Riviere
Detroit Bleu
Lié
Travecy
Gotancourt
Beaumont
Pet Det
Menessies
Voyaux
Serre Riv.
Flavi le Merdun
Maurepas
Faillois
le Fou
Voyaux
LA FERE
le Travain du Parc
Ferriere
la Neuville en Baine
Vouel
Quessy
Danisy
Berlancourt
Genlis
Targniez
Fargnier
Fortp. l'École d'Artillerie
Muyrencourt
Ugny le Guai
Condrand
la Frette
Beautor
Charme
Magni Guiscard
Caumont
Andelin
Rimbercourt
Betencourt
Senicourt
Vigi
Riviere
Deuillet
Bussy
CHAUNI
Rouy
Cerv ay
Caillouel
Neulieu
Monplaisir
Baires
Janvry
Maret
Abbecourt
Oise
Forest de Coucy
St Quirin
Mondescourt
Marizel
NOYON
Babeuf
Manican
ECHELLE
Larbroie
Salency
Apilly
Bichencourt
Lieues Communes de Picardie et d'Artois
Pont l'Eveque
Morlincourt
Quiercy
Sempigny
Varenne
Toises de Paris dont 2250 font une Lieue de Picardie
1000 2000 3000 4000 5000
Somme Riv.

SECONDE
INSTRUCTION
POUR LES INTERESSEZ
AU CANAL DE PICARDIE.

L A COMPAGNIE des Intereſſez au Canal de Picardie a fait connoître par un Memoire imprimé ſervant de premiere inſtruction, qui a été diſtribué dans le Public il y a cinq ou ſix mois, les utilitez que le Commerce du Royaume, la Ville de Paris, & les Provinces de Picardie, Haynault, Cambreſis, Artois, Flandres, Boulonnois & Ponthieu, tireront de la Navigation qui va être établie par les Rivieres de Somme, & d'Oiſe, laquelle facilitera le tranſport des Marchandiſes que ces Provinces envoyent à Paris, & dans tout le Royaume, & de celles qu'elles en font venir. On y a vû que le Commerce qui ſe fait à preſent par des Voitures de terre à très-grands frais, avec beaucoup de difficultez dans l'Hyver, & les mauvaiſes Saiſons, ſe fera deſormais dans une beaucoup plus grande étenduë

A ij

par cette Navigation, par la quantité immense de Marchandifes qui y feront voiturées avec facilité en peu de tems, & prefque toûjours renduës à jour nommé pendant toute l'année. Le Commerce particulier des Vins, & des Eaux-de-vie entr'autres, donnera un produit confiderable à caufe du paffe-debout par Paris, qu'il a plû au Roy d'accorder par le quinziéme Article de l'Edit du mois de Septembre 1724. portant permiffion de faire le Canal de Picardie.

Au moyen de cette Navigation qui fera établie depuis l'embouchure de la Somme dans la Mer à Saint Vallery, & de-là, par cette Riviere, par le Canal de jonction, & par l'Oife qui tombe dans la Seine à Conflans-Sainte-Honorine, il y aura une communication très-commode des Provinces du Nord avec les Provinces meridionales de la France, & de la Manche avec la Mediterranée, par la Riviere de Seine, les Canaux de Loin, de Briare, & d'Orleans, & la Riviere de Loire jufqu'à Roüanne à douze lieuës de Lyon, où fe font les embarquemens des Marchandifes qui viennent du Levant, de Provence, de Languedoc, & de Dauphiné, par le Rhofne, pour être tranfportées à Paris, & prefque par tout le Royaume.

On avoit auffi fait connoître par ce même Memoire les differentes opérations que l'on devoit faire pour executer le Projet qui avoit été donné, & fur lequel on avoit conftaté les travaux, & la dépenfe : Mais depuis ce premier Projet, d'autres Ingenieurs ont donné de nouveaux Memoires à M. Chauvelin, Confeiller d'Etat, Intendant de Picardie, qu'il a remis au mois de Juin 1727. à feu M. Le Blanc, Secretaire d'Etat de la guerre, par lefquels il paroiffoit que l'on pouvoit faire la communication des deux Rivieres de Somme, & d'Oife par un terrain plus aifé, & avec moins de dépenfe, lequel racourciroit de beaucoup la Navigation, & par ce moyen faciliteroit d'autant plus le Commerce. Ce Miniftre en connoiffance de caufe, les a approuvez, & renvoyez à la

Compagnie qui, en execution du deuxiéme Article de l'Edit qui ordonne *que le fieur de Marcy, & fes Affo-ciez feront paffer le Canal par les lieux défignez, fuivant le Plan qui en fera dreffé*, a fait faire fur le Terrain un Examen très-exact, & très-circonftancié de ces differents Projets. Elle a même fait fermer fa Caiffe, & ceffer la diftribution des Soumiffions, jufqu'à ce qu'elle fût informée à fond, & en état de donner au Public, le Projet qui feroit trouvé le meilleur ; afin que ceux qui vou-droient s'intereffer à la Navigation, fuffent pleinement inftruits des operations, & de la dépenfe, par les Devis eftimatifs qui en feroient faits.

Pour parvenir à cette connoiffance, elle avoit envoyé fur les lieux dès le mois de Mars dernier, c'eft-à-dire, dès que la Saifon a pû le permettre, les Ingenieurs nom-mez par Arrêt du Confeil, lefquels ont examiné auffi-tôt les differents Projets avec toute l'attention poffible ; & après avoir levé les Plans, & fait les Nivellemens, & Al-lignemens, ont abandonné entierement l'ancien Projet, & fe font déterminez pour le dernier, en faifant la po-fition du Canal depuis Chauny, où la Riviere d'Oife commence d'être bien navigable ; par les Villages de Fargnier, Quaffy, Liez, Menneffes, Juffy, & S. Simon, jufqu'à Tugny fur Somme, entre Ham, & S. Quentin, ainfi qu'il eft marqué dans la Carte particuliere join-te à ce Memoire.

Pour l'établiffement de ce Canal, les Travaux à faire fur la Riviere d'Oife ne remontent que jufqu'à Chau-ny, au lieu que dans l'ancien Projet ils remontoient juf-qu'à Siffy, ce qui racourcit la Navigation de toute la diftance qu'il y a de Chauny à Siffy. Les Ouvrages ne-ceffaires pour rendre cette partie de la Riviere d'Oife navigable, & les indemnitez qui auroient été dûes aux Particuliers dont on auroit pris les Terres, Moulins, & Maifons, formoient une partie confiderable de la dépen-fe de l'ancien Projet, qui fe trouve diminuée d'autant par le nouveau ; outre que l'on évite une montagne etenduë, & élevée, dont la seule excavation avoit été évaluée à un million. Il n'y a que quatre petites lieuës à faire d'une Riviere à l'autre. La possibilité de l'Ouvrage est d'autant mieux établie, qu'il se trouve par le Nivellement, que la Riviere de Somme prise à la chaussée de Tugny, d'où se tirera le point d'eau pour le Canal, est plus élevée de soixante pieds que celle d'Oise prise à Chauny : ainsi la pente étant aussi certaine, le Canal sera toûjours plein en quelque Saison que ce soit ; d'autant plus que la Riviere de Somme, qui est composée de Sources dans tout son cours, ne diminuë point en Esté, & ne fait point d'inondation en Hyver. L'on a même remarqué de tout tems, qu'elle coule à plein Canal dans les mois de Juillet, & d'Août. Le Terrain qu'on vient d'ouvrir est par-tout dans une pente assez douce, à l'exception d'une partie depuis Jussy jusqu'au Pré-Carbonnier au bas du Village de Mennessies, qui dans l'espace de 988. toises s'éleve peu à peu jusqu'à 42. pieds de haut, & sans aucune plate forme sur le sommet, se rabaisse aussitôt sur le côté opposé ; ensorte que du même point les eaux de pluye se partagent pour couler, d'une part vers la Somme, & de l'autre vers l'Oise. C'est la seule excavation qu'il y ait à faire dans l'espace des quatre lieuës de distance qu'il y a d'une Riviere à l'autre.

La partie du Canal depuis le Village de Pont-sur-Somme, au bout de celui de Tugny, d'où on tirera le point d'eau, sera soutenuë dans le même niveau jusqu'au Pré-Carbonnier. Cette partie qui compose la moitié du Canal, ne sera interrompuë par aucune Ecluse.

L'autre moitié va en pente douce jusqu'à la Riviere d'Oise, où elle descendra par six Ecluses. La premiere sera construite au-dessus du Pré-Carbonnier : on en construira deux autres accolées ensemble à la droite du Village de Liez ; & trois autres aussi accolées, à vûë, & sur la droite de Fargnier, à cent pas de ce Village. Ce Canal venant de la Riviere de Somme rencontrera celui que l'on fera de la Fere à Chaulny pour éviter la Riviere d'Oife, qui dans cette étenduë eft fouvent impraticable par fes inondations, & en Efté par fes bas fonds, & fes frequentes finuofitez. L'on ouvrira auffi, depuis le Village de Pont jufqu'à S. Quentin, un Canal hors d'œuvre fur le bord du Marais, & des terres qui y tiennent, dont le terrain eft affez plat,& uni, pour faire la communication avec cette Ville, qui eft très-commerçante.

L'on a fait remarquer dans le premier Memoire que le projet étoit compofé de deux parties de Commerce, indépendantes l'une de l'autre, dont chacune donnera un produit confiderable.

La premiere qui fe fera en deux campagnes, eft la Navigation qui fera établie par la Riviere d'Oife en la remontant, & par le Canal de communication jufqu'à S. Quentin. Celle-là étendra le commerce dans un pays abondant, d'où néanmoins les denrées & marchandifes ne fortent à préfent qu'en petite quantité, à peine, & à grands frais, faute de debouché.

La Seconde eft le Canal de la Riviere de Somme, qui fe fera auffi en deux campagnes. Cette Navigation fervira pour les Provinces qui font le long, & à portée de cette Riviere, & pour les Villes d'Amiens, Abbeville, & S. Vallery.

L'on établira dans la premiere partie quatre Bureaux pour la perception des Droits accordez fur les marchandifes par les Tarifs de 1724. & par celui de 1664. compris dans les Droits vendus aux Intereffez par Madame la Ducheffe de Brunfwik. Le premier Bureau fera à Sempigny, le fecond à Chauny, le troifiéme à la Fere, & le quatriéme à S. Quentin. Ces Bureaux feront établis, non feulement pour recevoir les Droits en remontant, & en defcendant, mais auffi pour fervir d'Entrepôt, & de Port pour les marchandifes qui fe tireront des Provinces voifines.

Le Port de Sempigny servira pour les Bleds, Avoines, & Bois, qui viennent d'une partie du Soissonnois, & de la Picardie.

Celui de Chauny, pour les Bois des Forêts de S. Gobin, & de Coucy, les Glaces, les Verreries, les Bleds, & les Avoines des environs.

Celui de la Fere, pour les Bois du Laonnois, & du Duché de Guise, les Ardoises, les Fers de la Thiérache, les Charbons de terre, les Chanvres, les Cordes de Thil, les Ecorces pour les Tanneurs, les Marbres de Rance, & de Dinan, les Bleds, les Avoines &, autres especes de grains des cantons voisins, & pour une très-grande quantité de Foins des vastes prairies de la Riviere d'Oise depuis Chauny jusqu'à Guise.

Celui de S. Quentin, où l'on établira un Port, & un Entrepôt considerable, servira pour les Toiles de la Manufacture de S. Quentin, celles de Flandres, les Fils, les Lins de toutes especes, les Tapisseries, Coutils, & autres Etoffes de laine, & de fil des Manufactures de Flandres, & des Provinces voisines, les Fayences, les Beures, les Fromages, les Huiles de Colzat qui servent aux peintures, & aux teintures, & à brûler, les Suifs, les Cires, & autres denrées, les Bleds, & Avoines du Vermandois, du Cambresis, & de la Picardie, & generalement pour toutes les denrées, & marchandises qui se tirent des Provinces de la haute Picardie, Cambresis, Artois, Haynault, & Thierache. Toutes ces differentes marchandises, & denrées qui seront portées à Paris, & dans les autres Provinces de France, feront un produit considerable : mais celles qui seront rapportées de Paris, & des Provinces méridionales du Royaume, en feront encore un plus grand ; & sans détailler celles que ne produisent point les Provinces Septentrionales, & dont cependant il s'y fait une grande consommation, (ce qui est connu de tout le monde) ; il est certain qu'il s'y consomme une très-grande quantité de Vins, & d'Eaux-de-vie

vie de France, dont les frais de voitures font confide-
rables, & qui coûteront plus de moitié moins par cette
Navigation : ce qui a été conftaté par la preuve de com-
paraifon qui en a été faite à l'Hôtel des Fermes gene-
rales.

Il eft fûr qu'à la faveur du Paffe-debout par la Ville
de Paris, accordé à la Navigation de Picardie par le
XVe. Art. de l'Edit de 1724. fur tous les Vins, & Eaux-
de-vie, les Vins de Bourgogne, d'Orleans, de Blois,
de l'Hermitage ; les Eaux-de-vie d'Orleans, de Blois,
même les Vins de liqueur feront voiturez jufqu'à S.
Quentin, pour être diftribuez dans les Provinces voifines, comme le Cambrefis, l'Artois, la Flandre, & le
Haynault, puifqu'il n'y a que fept lieuës de S. Quentin
à Cambray, & que les Communautez, tant de cette même
Ville que de celle de Lille, font travailler pour rendre
l'Efcaut bien navigable de Cambray à Valenciennes, &
pour faire une Chauffée depuis cette premiere Place jufqu'au Catelet, à trois lieuës de S. Quentin, au moyen
des Octrois, & des differents Droits qui leur ont été accordez au mois d'Avril dernier ; de forte qu'il n'eft pas
douteux que, par le feul Canal de communication jufqu'à
S. Quentin, on rétablira l'Entrepôt des Vins, & Eaux-
de-vie qui y étoit autrefois avant la prife de Cambray.
Il refte encore une grande quantité de Caves dans cette
Ville, qui ont fervi à cet Entrepôt ; il eft donc indubi-
table que le Commerce qui fe fera par cette premiere
partie de Navigation fera très-confiderable, & qu'il ren-
dra un grand profit aux Intereffez.

Mais comme elle ouvre d'abord la communication
avec Paris, & avec les Provinces méridionales du Royaume, & peut par confequent être mife en valeur dès
qu'elle fera achevée ; avantage dont la partie de la Somme eft privée, puifqu'elle ne peut communiquer par elle-
même qu'avec les Provinces voifines du cours de cette
Riviere, & qu'elle ne fçauroit profiter du Commerce de

B

Paris, & du reste du Royaume qu'à la faveur de la partie
de la jonction , & qu'après que celle-cy aura été entierement achevée ; on s'est déterminé à commencer par
cette premiere partie, c'est-à dire, par le Canal de jonction, auquel on travaille à present.

La seconde partie sera le Canal hors d'œuvre, qui sera
fait au bord,& le long des Marais de la Somme, & sur
le terrain ferme qui est par tout assez plat. Il sera dé-
signé par le Plan ,& la Carte qu'on acheve actuellement,
& par les Nivellemens des Ingenieurs , & les Devis qui
vont être faits, & qu'on donnera cet Hyver. Ce Canal
de la Somme, qu'on ne commencera que la Campagne
prochaine, servira, comme il a été expliqué, pour le
Commerce des Provinces de Picardie, Santerre,le long
de la Somme, Artois, Basse-Flandre, Pays conquis,
Boulonois , Vimeux, & Ponthieu ; & pour les Villes
d'Amiens, Abbeville, & S. Vallery. Toutes ces Provinces envoyent à Paris, & tirent des autres Provinces du
Royaume,une très-grande quantité de marchandises,par
terre , & par mer. Le Commerce du Nord, de Hollande,
d'Angleterre , & d'Ecosse,sera bien plus frequenté par S.
Vallery, quand il y aura une Navigation établie jusqu'à
Paris, qui étant renfermée dans des Ecluses, & fournie
d'eau également pendant toutes les saisons de l'année ,
sera toûjours certaine, & ne sera sujette à aucunes va-
riations ; ensorte que, comme on l'a déja dit, les marchandises seront renduës à jour nommé au lieu de leurs
destinations. Cet avantage est uniquement attaché à la
Navigation des Canaux abondans en eau toute l'année
comme celui-cy, & ne se trouve en aucune autre.

Les Interessez au Canal de Picardie jugeront aisément,
par la lecture de ce Memoire, & les deux Cartes cy-join-
tes, de la possibilité,& de la facilité de ce nouveau projet, qui, comme on l'a expliqué , a merité la préferen-
ce sur l'ancien, par la diminution de la dépense , par
l'abbreviation de la Navigation , & par consequent par

l'augmentation du Commerce, non moins étendu que par l'ancien projet, & en mêmé-tems plus aifé & plus vif.

Ceux qui voudront s'inftruire plus amplement fur les Plans, & les grandes Cartes qui ont été levées par les Ingenieurs, pourront s'addreffer chez M. de Belguife Tréforier. Payeur des Gages de la Cour des Monnoyes, l'un des Directeurs du Canal de Picardie, qui eft chargé de la Caiffe, *ruë Sainte Avoye, près l'Hôtel de Caumartin.*

On y donnera toutes les inftructions,& toutes les connoiffances poffibles du Projet,& dés Travaux, à mefure qu'ils avanceront.

Permis d'imprimer ce 5. Octobre 1728.
Signé, HERAULT.

Regiftré fur le Livre de la Communauté des Imprimeurs & Libraires de Paris, N°. 1751. conformément aux Reglemens, & notamment à l'Arreft de la Cour du Parlement du 3. Decembre 1705. A Paris le 8. Octobre 1728.
Signé, COIGNARD, Syndic.